LA DÉFENSE
DE
SAINT-DENIS
En 1814

RELATION DU COMMANDANT DEZOBRY

SAINT-DENIS
IMPRIMERIE H. BOUILLANT
20, RUE DE PARIS
—
1891

LA DÉFENSE
DE
SAINT-DENIS

En 1814

RELATION DU COMMANDANT DEZOBRY

SAINT-DENIS
IMPRIMERIE H. BOUILLANT
20, RUE DE PARIS

1891

AVANT-PROPOS

Au commencement de ce siècle, Saint-Denis a une page glorieuse dans son histoire : celle de la résistance courageuse que ses habitants opposèrent à l'armée des Alliés, et notamment à une division de l'armée russe, qui, à la fin de mars 1814, marchait sur Paris après avoir infligé à nos troupes une série de cruelles défaites.

La défense de Saint-Denis fut organisée par M. Dezobry, ancien maire de la ville sous le Premier Empire, et qui était, depuis la Restauration, commandant de la garde nationale. Des événements dont il avait été le témoin et l'un des principaux acteurs, il écrivit alors une relation très complète et fort intéressante, où son rôle personnel est trop modestement laissé dans l'ombre ; cependant, il ne jugea à propos de la faire connaître, ni sous la Restauration, ni dans les dix premières années du règne de Louis-Philippe; ce n'est qu'au mois d'août 1841 qu'il pensa devoir la communiquer au Conseil municipal. La lecture en fut écoutée avec le plus vif intérêt, et l'assemblée en vota l'impression à neuf cents exemplaires. La publication fut, en effet, exécutée, mais est devenue extrêmement rare, si bien que notre Bibliothèque municipale n'en possède actuellement qu'une copie. Aussi a-t-il paru utile de la réimprimer; nos concitoyens jugeront, en la lisant, du patriotisme dont leurs pères et leurs aïeux de 1814 savaient témoigner dans ces difficiles circonstances.

LA DÉFENSE DE SAINT-DENIS

EN 1814

« Les grands revers qu'après vingt ans de triomphes les armées françaises éprouvèrent en Russie et en Allemagne pendant les années 1812 et 1813, avaient ouvert nos frontières à l'étranger ; Napoléon, luttant, avec une armée affaiblie, contre les innombrables bandes de l'Europe coalisée, fit un appel aux gardes nationales de l'Empire, et tous les citoyens en âge de porter les armes se levèrent pour défendre l'honneur national et le foyer domestique. A la voix de l'Empereur, du souverain qui, dans ces circonstances graves pourrait être regardé comme le représentant de la Patrie, la ville de Saint-Denis s'émut aussi ; elle se souvint qu'aux premiers temps de la Révolution, sa garde nationale, sous le nom de *volontaires*, avait combattu à Boussu, à Jemmapes (1), à Nerwinde pour repousser

« (1) A la bataille de Jemmapes, livrée aux Autrichiens par l'armée française, commandée par Dumouriez, le 6 novembre 1792, le bataillon de volontaires de Saint-Denis combattit sous les ordres du duc de Chartres, depuis duc d'Orléans, et aujourd'hui roi des Français sous le nom de Louis-Philippe 1er. »

l'ennemi qui avait déjà pénétré en France. Cette garde nationale dispersée, oubliée depuis longtemps, se réorganisa tout à coup; une patriotique ardeur éclata parmi les citoyens, tous vinrent se faire inscrire sur les contrôles, et le 16 février 1814, notre milice civique était en état de paraître sous les armes. Dès cet instant, elle commença la série des services qu'elle était appelée à rendre.

« La faiblesse de l'armée de ligne avait fait dégarnir toutes les places qui n'avaient pas essentiellement besoin de garnison; Saint-Denis était de ce nombre; on en avait retiré les compagnies de vétérans, chargées ordinairement de la garde du Dépôt de mendicité, de sorte que tous les postes dans cette maison durent être occupés par la garde nationale. Le service fut fort pénible; les tours de garde revenaient tous les huit jours, et pourtant personne ne se plaignait; les citoyens sentaient qu'ils étaient utiles, indispensables, et ils furent admirables de constance et de dévoûment.

« Cependant, malgré les victoires de l'Empereur, l'ennemi faisait des progrès rapides. Il était déjà au cœur de la France, et jusqu'à nos portes, car l'armée française, toujours redoutable et redoutée sur les champs de bataille, était trop inférieure en nombre pour faire face aux populations armées que l'Europe vomissait incessamment sur notre sol. Pendant que Napoléon exécutait une savante manœuvre, qui devait, d'un seul coup, anéantir tous les coalisés, un de leurs corps d'armée lui dérobe une marche, se dirige en hâte sur Paris, et vient jeter l'épouvante dans cette capitale, qui n'avait pas encore vu le feu d'un bivouac étranger.

« Je m'arrête, Messieurs, à cet aperçu des grandes opérations militaires qui attiraient alors toute l'attention de la France et de l'Europe ; il était nécessaire pour l'intelligence de la narration que l'on va lire ; le reste ne serait plus de mon sujet : je ne dois vous entretenir que de la ville de Saint-Denis, et c'est ce que je vais faire maintenant.

« On a vu tout à l'heure par ce que nous avons dit de la réorganisation de la garde nationale, que déjà l'on avait prévu le cas où l'invasion viendrait jusqu'à nous. Mais, soit que l'autorité fût plus confiante dans la fortune et dans le génie de l'Empereur, soit que ses bonnes intentions eussent été paralysées en partie par l'esprit de tiédeur et d'indifférence dont certains chefs donnèrent alors le coupable exemple, la ville de Saint-Denis, qui devait être considérée comme une des sentinelles avancées de Paris, fut à peu près oubliée et abandonnée à elle-même. Ses habitants puisèrent en quelque sorte une nouvelle énergie dans cet abandon, et bien que leur cité fût ouverte de toutes parts, qu'elle n'eût d'autre enceinte que celle de faibles murs clôturant des cours et des jardins, il fut résolu que l'on se mettrait en état de défense, non pas pour soutenir un siège régulier, mais au moins pour résister à un coup de main, pour faire face aux hordes de maraudeurs et de pillards, qui précédaient ou suivaient les armées ennemies et causaient tant de mal aux populations qu'elles trouvaient désarmées. Nous avions, d'ailleurs, un dépôt sacré à défendre : les cinq cents jeunes demoiselles enfermées dans la Maison Impériale de la Légion d'Honneur, que la marche rapide de l'ennemi n'avait pas permis d'éloigner du théâtre de la guerre.

« Aussitôt qu'on eut pris cette résolution, dont les chefs de la garde nationale furent les plus ardents promoteurs, un conseil de défense fut organisé; huit personnes le composèrent; on y adjoignit M. Troquet, architecte attaché à la Maison de la Légion d'Honneur, dont le zèle et les connaissances furent très utiles, et, de concert avec l'autorité civile, les dispositions suivantes furent arrêtées :

« Au nord, la chaussée de la route d'Angleterre, élevée sur des marais, sera coupée par une tranchée profonde creusée en arrière des ponts jetés sur le Croult et le Rouillon ; les vastes prairies qui bordent une partie de la ville du côté de l'est seront inondées, en barrant le cours des petites rivières qui les arrosent; et du côté de La Courneuve, les murs du parc de la Légion-d'Honneur feront une seconde ligne de défense.

« Au midi (côté de Paris) le ru de Montfort, quoique gonflé par des batardeaux, n'eût offert qu'une faible défense; mais sur une grande étendue, il est bordé ou enveloppé de murs dans lesquels on convient de pratiquer des meurtrières aussi élevées que possible, et d'établir à l'intérieur des échafauds où des gardes nationaux, à l'abri de la mousqueterie, pourront faire éprouver bien des pertes aux assaillants.

« A l'ouest, la Seine nous protège; et, près du pont·du Croult, sur la route de la Briche, seront faites les mêmes dispositions que celles arrêtées pour la chaussée du Nord.

« Des palissades et des portes en charpente, placées aux diverses entrées de la ville, complèteront ce système de défense, avec des cavaliers en terre, dominant la plaine, et destinés à recevoir l'artillerie demandée au ministre de la Guerre.

« Pour l'exécution de ces mesures, il fallait du fer et du bois en grande quantité : l'avenue Saint-Rémy, plantée en vieux ormes, est abattue; on trouve dans les demi-lunes du cours Ragot les arbres nécessaires au complément de ces palissades : des souscriptions paient le fer. Les ouvriers en fer et en bois s'occupent, sans relâche, des travaux de leur ressort; des ateliers se forment pour les terrassements, et chaque habitant vient successivement y travailler. Les chefs les dirigent et les encouragent, et personne ne reste étranger au péril commun. Les travaux poussés avec vigueur, touchaient à leur fin, lorsque des officiers du génie militaire vinrent nous aider de leur savoir, et joindre de nouvelles dispositions à celles déjà exécutées.

« Le nombre des fusils était insuffisant: bien des personnes qui en manquaient s'en procurent à leurs frais. En attendant les munitions qui devaient nous arriver de jour en jour, on alla enlever une petite provision de poudre qui restait dans les casernes, alors entièrement dégarnies de troupes, et on fit immédiatement confectionner des cartouches.

« Les démarches multipliées du commandant de la garde nationale et sa correspondance active, établissaient des rapports quotidiens avec les autorités militaires de Paris ; les promesses les plus rassurantes de secours furent faites, et cependant, malgré nos instances réitérées, à l'approche des plus grands dangers, nous étions encore sans troupes ni canons, et réduits à nos propres forces. Seulement dix chasseurs à cheval du 10ᵉ régiment de ligne avaient été laissés à Saint-Denis pour éclairer les environs.

« Le 28 mars, les nouvelles que l'on reçoit ne permettent plus de douter que l'ennemi suit sa marche sur Paris, dont il est peu éloigné, et que Saint-Denis est compris dans sa marche d'opération. Toutes les mesures de précaution sont prises : on double les postes, des patrouilles circulent sans relâche, des éclaireurs sont mis en campagne. L'anxiété est grande, mais la résolution est ferme, et l'esprit excellent ; c'est en pareil cas que l'on sent bien que l'union fait la force.

« Le 29 mars au matin, le commandant, vu l'urgence du danger, se rend de nouveau à l'état-major de la place de Paris, pour presser l'envoi des troupes, de l'artillerie et des munitions qu'on lui avait promises; il représente vivement les conséquences fâcheuses que peut avoir un retard si longtemps prolongé. Sa démarche, cette fois, eut un heureux succès ; des ordres furent donnés en sa présence pour satisfaire à ses demandes.

« A deux heures, le commandant, de retour, rapporte la nouvelle répandue d'une marche rétrograde de l'ennemi. Mais on est bientôt désabusé, car presque au même instant, les routes qui conduisent à Saint-Denis sont couvertes d'une foule prodigieuse d'hommes, de femmes et d'enfants accourus des campagnes voisines, fuyant vers Paris, et traînant à leur suite des chevaux, des voitures, des bestiaux de toutes espèces, et tout le mobilier qu'ils ont pu emporter. On essaie d'en interroger quelques-uns, mais en vain ; la terreur les glace et on ne peut obtenir d'eux aucuns renseignements. Les rues de la ville ne suffisent plus au passage; c'est un encombrement effrayant ; toute cette multitude offrait le spectacle de la consternation et du désespoir. On parvient avec peine à mettre un peu d'ordre dans sa marche, et l'écoulement est long à s'effectuer.

« Vers cinq heures, les éclaireurs annoncent quelques groupes de cavaliers qui s'approchent de la ville et qu'ils signalent comme Russes. Un morne silence succède au tumulte du passage ; on bat la générale, tout le monde court aux armes. La garde nationale, toujours seule, est répartie sur les divers points qui peuvent être attaqués ; les portes sont fermées et la nuit se passe en silence.

« Nous avions reçu, la veille, de Paris, douze mille cartouches, et cet envoi causa d'autant plus de satisfaction qu'il répondait à notre premier besoin, et annonçait un commencement d'exécution des promesses qui nous avaient été faites. L'effet moral qu'il produisit fut très bon.

« Le 30 mars, à 4 heures du matin, nous reçûmes de Vincennes une compagnie d'artillerie et six pièces de canon do calibre. Les pièces n'avaient d'autres munitions que celles contenues dans leurs coffrets ; mais on annonçait qu'elles étaient suivies d'un grand caisson qui n'est jamais arrivé, soit qu'il n'ait point été expédié, soit qu'il ait été pris en route.

« Une heure après, une voiture apporta cent vingt fusils ; et enfin, à six heures, quatre cents tirailleurs de la Jeune-Garde, commandés par le chef de bataillon Savarin, vinrent compléter tous les moyens de défense que nous devions recevoir du gouvernement. Cet officier supérieur prend le commandement de la place ; les renforts qui viennent de nous arriver sont immédiatement employés ; les gardes nationaux non armés reçoivent les cent vingt fusils, et des munitions sont distribuées à tous les combattants. Les canons sont mis en position aux portes de la ville, sur l'emplacement qu'on leur avait destiné, savoir : deux à la porte de Paris, deux à la porte Saint-Rémy, et deux au pont de la route d'Angleterre.

« Le bataillon de Jeune-Garde, joint à la garde nationale, portait l'effectif de nos combattants à mille hommes au plus. C'était avec une aussi faible garnison qu'il nous fallait défendre une ligne d'environ trois kilomètres de développement. — Cent vingt hommes sont placés dans le grand parc de la Maison de la Légion-d'Honneur; environ deux cents aux meurtrières pratiqués dans les murs de l'ancien couvent des Annonciades; cent hommes vont occuper les épaulements établis à la porte Saint-Rémy, que déjà des abattis d'arbres jetés sur la route rendent d'un accès difficile; cinquante hommes restent en observation au pont du Croult, sur la route de la Briche, et autant au pont de la Maison-de-Seine, sur le ru de Montfort. Le pont sur la chaussée de la route d'Angleterre est gardé par cent vingt hommes, et cent vingt hommes également défendent la porte de Paris. Le reste, environ deux cent cinquante hommes de la Jeune-Garde, réunis sur la place d'Armes, forment une réserve pour se porter où le danger serait le plus imminent.

« Afin d'être avertis plus promptement dans cette circonstance, on posta en vigie sur une des tours de l'Abbaye, un officier chargé d'observer tous les mouvements de l'ennemi, de nous signaler les points vers lesquels il se porterait, et où le secours de notre réserve deviendrait nécessaire.

« Toutes nos dispositions étaient ainsi arrêtées, lorsqu'à sept heures du matin, un aide de camp du roi Joseph-Napoléon vint s'informer de notre situation et de l'esprit des habitants; il ne resta que peu d'instants et se retira satisfait, en nous promettant du renfort et des munitions. Mais il était trop tard, car une heure après, la ville était investie par une forte division russe, sous les ordres du général Karniloff.

« A huit heures, on nous somma de nous rendre, et, sur notre refus, les hostilités commencèrent. Un feu de mousqueterie et d'artillerie s'engagea à la porte Saint-Rémy, et fut d'abord assez vif. Des boulets, des obus, et jusqu'à des balles tombèrent dans la ville et blessèrent quelques personnes. Nous répondîmes vigoureusement à cette attaque, mais avec un peu de désavantage, parce que l'ennemi se mettait à l'abri de nos coups derrière le parc de la Maison Impériale et ne se montrait que pour tirer. Cependant, nos hommes firent bonne contenance, et guettant l'instant où il avançait pour faire ses décharges, le criblaient de balles et de boulets. Ils lui firent assez de mal pour le forcer à ralentir son feu. D'une autre part, nos artilleurs tiraient avec tant de justesse qu'ils lui démontèrent une de ses pièces.

« La vigie nous avait fait connaître qu'une grande partie de l'armée ennemie, qui débouchait de la Courneuve, suivait sa marche sur Paris et qu'il ne restait guère qu'une division autour de Saint-Denis.

« A neuf heures, elle nous prévient qu'une colonne assez considérable de cette division se dirige vers la porte de Paris. Une forte partie de la réserve se porte au pas de course sur le point menacé; une vive fusillade s'engage, l'ennemi n'ose approcher; il se jette en embuscade dans le canal Saint-Denis dont le lit était encore à sec, et ne dépasse pas cette ligne, d'où il entretient, une partie de la journée, un feu de mousqueterie auquel ripostent nos hommes placés derrière les meurtrières. Deux pièces ennemies battaient la porte de Paris; nos canons, placés sur le rempart, répondent avec succès; leur feu bien dirigé fait taire cette batterie, et arrête la marche d'une colonne de cavalerie qui traversait la plaine comme pour se diriger vers Montmartre.

« A une heure après midi, le feu des assiégeants cesse sur toute la ligne. Un parlementaire se présente à nos portes pour nous sommer, une seconde fois, de nous rendre. Il fut congédié par un nouveau refus. Les hostilités furent donc reprises, mais avec moins de vivacité de la part de l'ennemi, qui parut vouloir s'en tenir à nous bloquer. Cependant, une heure après, il manifesta des intentions plus décidées; il tenta deux nouvelles attaques vivement poussées vers la porte de Paris et vers celle Saint-Rémy, qui, défendue par ses deux pièces d'artillerie, protégée par un feu de mousqueterie, riposta vigoureusement et fit lâcher pied aux Russes.

« Ils dirigèrent alors leur attaque sur le parc de la Maison Impériale : bientôt, une brèche est ouverte dans le mur d'enceinte ; mais les deux compagnies de Jeune-Garde qui s'y trouvent postées leur en imposèrent par leur contenance, et ils n'osèrent avancer pour engager le combat. Leurs efforts se tournèrent vers le sud où, à la faveur d'une seconde brèche faite dans le mur d'un clos particulier situé dans le voisinage de la porte de Paris ils s'emparèrent d'une maison d'habitation d'où ils nous incommodèrent fort, et nous tuèrent même quelques hommes. On ne pouvait débusquer les Russes qu'en s'exposant à découvert à leur feu, tandis qu'ils étaient à couvert du nôtre. Le commandant Savarin empêcha toute tentative imprudente, et ordonna aux artilleurs de la porte de Paris de pointer leurs pièces sur cette maison, et de la foudroyer. Cette manœuvre réussit complètement ; l'ennemi ne tarda pas à abandonner les lieux, et, à quatre heures, nous en prîmes possession. Ce succès nous était d'autant plus nécessaire que nos munitions commençaient à s'épuiser. Nos gardes nationaux, soldats plus braves qu'expérimentés, n'avaient pas toujours riposté aux agressions de l'ennemi avec ce sang-froid qui ne s'acquiert que quand on a combattu sur vingt champs de bataille ; emportés par leur ardeur, ils n'avaient point ménagé des munitions qu'ils devaient croire inépuisables, et qui, bien qu'insuffisantes, auraient peut-être pu durer un peu plus longtemps.

« Pendant que les événements que nous venons de raconter se passaient chez nous, on se battait avec acharnement à Saint-Chaumont, à Belleville, à Montmartre. La vigie postée sur la tour de l'Abbaye nous rendait compte de ces luttes qui nous intéressaient aussi, en nous prouvant qu'au moins nos efforts n'étaient point isolés. Mais à peine avions-nous débusqué les Russes de la maison d'où ils nous avaient si fort incommodés, que nous apprîmes que dans toute la plaine les feux étaient cessés depuis une heure. Cette suspension d'armes dont nous ne pouvions deviner la cause, nous donna quelque inquiétude ; nous pouvions supposer que l'ennemi était entré dans Paris, et craindre que d'autres forces ne fussent détachées contre nous. Il n'y avait pas moyen de recevoir de nouvelles, et moins d'espoir que jamais d'être secourus. Il était six heures du

— 16 —

soir et nous avions achevé d'épuiser nos munitions ; les autorités civiles se réunirent pour engager le commandant à consentir à négocier avec l'ennemi ; elles lui représentèrent que l'honneur était sauf, puisque chacun d'eux avait fait son devoir, et que, les moyens de défense manquant, il importait de prévenir le dernier et le plus grand des malheurs, en n'exposant pas la ville à être prise de vive force.

« Le commandant résiste aux observations qui lui sont faites ; il veut se défendre à outrance, et conserver le poste qui lui a été confié. Il manifeste l'intention de se retrancher à la dernière extrémité, avec sa troupe, dans l'église de l'Abbaye, et de ne se rendre que lorsque ses baïonnettes seraient émoussées.

« Ce langage, dans la bouche d'un militaire, n'avait rien qui étonnât, mais la circonstance était impérieuse, une plus longue résistance pouvait compromettre le salut des habitants sans offrir de chances plus heureuses ; les autorités insistèrent donc, quoiqu'elles eussent peu d'espoir de changer la résolution du commandant, lorsqu'un incident nouveau vint mettre un terme à cette perplexité. Un troisième parlementaire se présente et annonce que Paris est rendu, que partout les hostilités ont cessé, et il ajoute que vouloir tenir plus longtemps serait nous sacrifier sans utilité. Comme nous manifestions quelque doute, il offre de fournir toutes les preuves de ce qu'il avance.

« Nous demandons alors que deux commissaires désignés par la Ville puissent se rendre à Paris sous escorte, pour s'assurer par eux-mêmes de l'exactitude des faits. La proposition fut acceptée. M. Gessard, l'un des adjoints du Maire, et M. Lagoguée, officier de la garde nationale, s'offrent pour remplir cette mission ; ils se rendent auprès du général russe, qui leur donne un de ses aides de camp, des chevaux et quelques cavaliers pour les accompagner.

« Pendant ce temps, chacun reste à son poste, dans l'attente des événements.

« Arrivés à la barrière Saint-Denis, MM. Gessard et Lagoguée la trouvent fermée ; en dehors elle était gardée par les troupes coalisées ; au dedans par la garde nationale. La consigne est de ne laisser entrer personne, et ils ne peuvent pénétrer dans Paris. Le triste spectacle qu'ils avaient sous les yeux ne leur confirmait que trop la funeste nouvelle dont ils étaient chargés de s'assurer. Cependant, ils ne peuvent revenir sans avoir parlé à une autorité française ou étrangère, ou à un chef supérieur quelconque. Ils se rendent au quartier du général comte Langeron, qui était établi aux Cinq-Moulins, au bas de Montmartre. Ce général, qui était né Français, accueillit d'abord nos commissaires d'une manière peu bienveillante ; il leur reprocha notre ténacité à nous défendre, et presque notre fidélité à nos serments. « Général, dit avec dignité M. Gessard, nous devions le faire ; vous êtes Français comme nous, et à ce titre, mieux que tout autre, vous devez comprendre tout ce qu'exigent l'Honneur et la Patrie ! » Cette réponse ne le choqua point : l'entrevue même se termina mieux qu'elle n'avait commencé ; et il leur remit une lettre de sa main pour le commandant Savarin, dans laquelle il lui confirmait la reddition de Paris, et l'invitait à capituler, promettant que la ville de Saint-Denis serait respectée.

« Dès que les commissaires furent de retour, le commandant Savarin écrivit au général Karniloff pour l'informer qu'il était disposé à capituler, demandant que son bataillon fût traité comme la garde nationale de Paris, à laquelle on avait laissé la liberté de rejoindre l'Empereur. M. Lagoguée, accompagné cette fois de M. Ebingre, capitaine de la garde nationale, porta ces propositions au général, qui en référa au comte Langeron. Celui-ci, ne se croyant pas suffisamment autorisé, envoya les commissaires devant le feld-maréchal Blücher. Ce maréchal, qui avait fait les guerres de la Révolution et de l'Empire, et avait assisté à tous les revers que les Français avaient fait éprouver aux armées prussiennes, nourrissait contre la France une haine violente. Naturellement dur et hautain, enorgueilli d'une victoire qui ne faisait pas oublier cent défaites et que Napoléon pouvait encore ravir aux troupes coalisées, il reçut nos envoyés avec des paroles de mépris et de colère, refusa la demande et déclara, sans que rien eût nécessité une menace aussi rigoureuse, que, si dans deux heures la ville ne s'était pas rendue, il la brûlerait et passerait la garnison au fil de l'épée (1).

Ce ne fut qu'à huit heures du matin, le 31 mars, que les commissaires furent de retour, rapportant cette réponse menaçante; il fallut subir la loi de la nécessité. Le commandant Savarin, M. Gessard, maire adjoint,

(1) C'est ce même maréchal qui, en 1814, menaça de faire sauter le pont d'Iéna et de brûler l'Hôtel de Ville si on ne lui donnait pas de suite 500,000 fr., joignant ainsi la brutalité du Vandale à la plus basse cupidité. Par ses ordres, une mine fut pratiquée sous l'une des arches du pont; on la fit jouer, mais la solidité du monument résista à l'ignoble tentative du Prussien.

le commandant de la garde nationale et deux officiers de ce corps furent chargés de traiter de la capitulation avec le général russe. Ils se rendirent, à cet effet, aux avant-postes, où ce dernier les invita à venir à son quartier général établi au Moulin-Basset, au levant de la ville. Là, ils trouvèrent réunis les officiers de l'état-major.

« Les principaux articles de la capitulation furent :

« Que le pouvoir civil resterait aux autorités françaises ;

« Que toute sûreté et protection seraient accordées aux habitants ;

« Que les propriétés publiques et particulières seraient respectées ;

« Que la garde nationale conserverait ses armes et continuerait son service ;

« Que la Maison Impériale de la Légion-d'Honneur serait inaccessible à tout le monde ;

« Qu'un poste de surveillance, exclusivement composé de gardes nationaux, y serait placé pour la sûreté de l'établissement.

« Le général Karniloff promit d'interposer ses bons offices auprès de qui de droit, en faveur de la garnison qui devait rester prisonnière de guerre. Les officiers conservèrent leurs épées, leurs chevaux et tout ce qui leur appartenait ; et les soldats leurs bagages seulement.

« Tout étant ainsi réglé, le 31 mars, à midi, la ville ouvrit ses portes, la garnison posa les armes, les postes furent relevés par les troupes russes, à l'exception de ceux de la Légion-d'Honneur et de la Mairie, qui continuèrent à être occupés par la garde nationale.

« Le général russe fut étonné de la faiblesse de la garnison, qu'il s'attendait à trouver considérable. Dans ce triste moment, son étonnement fut un adoucissement à nos peines, et un véritable hommage rendu à la bravoure et à l'intrépidité de nos jeunes soldats et de notre digne milice citoyenne.

« Les généraux et l'état-major prirent seuls logement en ville, mais pour la nuit seulement; ils partirent le lendemain pour Paris avec leur corps d'armée, emportant le plan de la ville et emmenant la garnison prisonnière de guerre; le soir même elle fut renvoyée à Saint-Denis sous la garde des Russes, et, quelques jours après, rendue à la liberté.

« Le colonel Nariskin fut laissé à Saint-Denis pour commander la place. C'était un homme jeune, instruit, et à la hauteur des idées de son siècle; grâce à la bonne intelligence qui s'établit entre lui et le commandant de la garde nationale, l'ordre et la tranquilité furent maintenus partout, et les charges que la ville eut à supporter furent réparties avec équité et discernement.

« Le commandant Savarin, qui n'a passé que deux jours au milieu de nous, a déployé dans sa défense autant d'intelligence que de fermeté : il a su se concilier l'estime de tous ceux qui l'ont approché, et son nom restera toujours en honneur dans notre ville : sa Jeune-Garde, quoique composée de soldats nouveaux, a montré beaucoup de bravoure et de résolution.

« La garde nationale, de son côté, a complètement atteint le but qu'elle s'était proposé : protéger la ville, empêcher le désordre et l'anarchie et faire respecter la Maison de la Légion-d'Honneur (1). Cependant, il faut

---

(1) Les dames de la Légion d'Honneur voulant reconnaître la noble conduite de la garde nationale,

bien le reconnaître, un intérêt plus généreux, l'honneur national, est entré pour beaucoup dans sa conduite. Elle attendait tout du génie et des efforts de l'homme extraordinaire qui nous gouvernait alors; cet espoir soutint son courage et doubla son dévouement.

« Après les jours de dangers, elle continua avec zèle et exactitude un service aussi pénible qu'indispensable. Dans l'inévitable confusion qu'entraînait un si grand mouvement de troupes étrangères qui logèrent dans la ville ou qui la traversèrent, il lui a fallu autant de prudence que de fermeté pour résister aux prétentions d'une soldatesque qui avait rêvé des représailles, et qui se croyait en droit de tout exiger. Des concessions furent quelquefois indispensables; néanmoins, son accord parfait avec la garnison augmenta beaucoup sa force morale, et rendit son service efficace.

« Une communauté de dangers avait établi chez elle une sorte de lien et de solidarité qui lui fit oublier ses habitudes privées, pour épouser les devoirs de sa position. Sa tâche a été remplie honorablement et elle s'est acquis des droits incontestables à l'estime et à la reconnaissance publiques. Plusieurs citoyens ont reçu des blessures plus ou moins graves, à la suite desquelles deux seulement

au mois de mars 1814, et ses heureux efforts pour protéger et défendre leurs personnes et leur établissement, résolurent de lui offrir un drapeau aux armes de France, portant une légende commémorative, le tout brodé en or et de leurs mains. La cérémonie de la remise s'en fit au mois de juillet suivant. Ce jour-là, le bataillon, en grande tenue, musique en tête, vint parader et défiler dans la cour de la Maison Royale, puis recevoir des mains de la baronne Dubouzet, surintendante, en présence ont succombé; le bataillon de la ligne a eu sept tués et quatorze blessés (1).

La Maison de la Légion-d'Honneur n'a pu être mise à l'abri des inquiétudes que devait lui causer le retentissement du canon et de la mousqueterie; mais elle a été aussi respectée qu'aux jours de la paix la plus profonde; et Mme la baronne Dubouzet, surintendante, a déployé, dans le danger le plus imminent, une présence d'esprit et une sollicitude au-dessus de tout éloge, et qui justifiaient bien la confiance dont l'avait honorée Napoléon, en la plaçant à la tête d'un pareil établissement (2).

et aux acclamations de toutes les Dames et des cinq cents jeunes demoiselles, cet étendard dont le prix était singulièrement rehaussé, et par le motif, et par le concours des personnes intéressantes qui en faisaient hommage.

La garde nationale reçut ce don avec autant de bonheur que de reconnaissance, et comme un gage fait pour l'attacher de plus en plus à ses devoirs, en lui rappelant sans cesse cette devise de l'Ordre auquel appartient la Maison Royale de Saint-Denis : HONNEUR ET PATRIE.

Cette scène, digne des temps chevaleresques et pleine d'émotions, a laissé de profonds souvenirs dans l'esprit de tous ceux qui en furent ou les acteurs ou les témoins.

(1) Les citoyens morts en combattant pour la défense de la Cité et de la Patrie, sont MM. LEBÈGUE (Nicolas-Guillaume), peintre en bâtiments, âgé de 44 ans, et GRADT (Jean), cordonnier, âgé de 50 ans.

Le nom des blessés n'a point été conservé.

(2) En disant que l'Empereur honora Mme Dubouzet de sa confiance, M. Dezobry n'a dit que la stricte vérité. Mme Dubouzet n'était encore que simple Dame à la Légion-d'Honneur, fondée à Ecouen, lorsqu'une petite épidémie éclata dans cette Maison. Le mal avait assez de malignité pour qu'on crût nécessaire de séparer les jeunes ma-

« Ainsi s'est terminé glorieusement pour la ville de Saint-Denis un événement dont l'heureuse issue, sinon certaine, avait été au moins espérée. Quoique jugées, dans le principe, bien diversement, il est difficile de ne pas reconnaître que les mesures qui

lades de leurs compagnes, et même d'établir un service spécial pour elles seules. Mme Dubouzet demanda à être chargée de la surveillance périlleuse de ce nouveau service ; elle s'enferma dans l'espèce de lazaret improvisé, et à force de soins et de dévouement, eut le bonheur de diminuer les effets du mal. L'Empereur, qui s'occupait beaucoup des filles de ses militaires, fut informé de ce petit événement. Quelque temps après, il créa à Saint-Denis un établissement semblable à celui d'Ecouen (c'est aujourd'hui la Maison de la Légion-d'Honneur) et ordonna à M. de Lacépède, grand chancelier de l'Ordre, de lui soumettre une liste sur laquelle il pourrait choisir la surintendante de la nouvelle Maison. Lorsque cette liste lui fut présentée, il la parcourut rapidement, puis, s'adressant au grand chancelier : « Je ne vois pas ici, lui dit-il, le nom de la dame qui a soigné mes jeunes filles d'Ecouen. — Sire, je n'ai pas cru devoir la présenter à Votre Majesté pour un si haut emploi. — Eh bien, repartit l'Empereur en jetant la liste, c'est elle que je nomme surintendante de la Maison de Saint-Denis ».

Mme Dubouzet était une connaissance personnelle de l'Empereur.

Lorsqu'au mois de mai 1815, de retour de l'île d'Elbe, il vint visiter la Maison de la Légion-d'Honneur, il s'informa auprès de Mme Dubouzet, avec tout l'intérêt qu'il portait à cet établissement, comment s'étaient passés les jours désastreux de l'occupation ennemie, et ceux plus néfastes encore qui l'avaient précédée. Instruit des heureux résultats dus au courage de la garde nationale, il en témoigna hautement sa satisfaction à son commandant M. Dezobry, qui était présent, et pour lui en laisser un gage durable, il lui envoya, peu de jours après, la croix de la Légion d'honneur.

avaient été prises ont seules amené ce résultat. Dans notre position, la résistance était d'ailleurs impérieusement commandée. En considérant l'exemple d'une foule de communes qui furent pillées et dévastées, bien qu'elles se fussent livrées à l'ennemi sans coup férir, nous n'hésitons pas à dire que le parti qui fut pris a été, à la fois, le plus honorable et le plus sage. La ville de Saint-Denis, grâce à la résolution qu'elle a montré, a peu souffert de l'invasion; elle peut se rappeler avec un noble orgueil, d'avoir, avec une faible garnison, tenu en respect à ses portes une division entière de l'armée russe, et de ne s'être rendue que le lendemain de la capitulation de Paris, c'est-à-dire au moment où toute résistance était devenue sans but et sans utilité. »

Saint-Denis, le 1ᵉʳ juillet 1841.

Le Commandant de la Garde nationale en 1814,

G. Dezobry.

www.ingramcontent.com/pod-product-compliance
Lightning Source LLC
Chambersburg PA
CBHW060916050426
42453CB00010B/1766